O CÉU NAS MÃOS

O céu nas mãos

Samarone Lima

© Moinhos, 2018.
© Samarone Lima, 2018.

Edição: Camila Araujo & Nathan Matos

Revisão: LiteraturaBr Editorial

Diagramação e Projeto Gráfico: LiteraturaBr Editorial

Capa: Sérgio Ricardo

Nesta edição, respeitou-se o novo
Acordo Ortográfico da Língua Portuguesa.

Dados Internacionais de Catalogação na Publicação (CIP) de acordo com ISBD

L732c
Lima, Samarone
O céu nas mãos / Samarone Lima. - Belo Horizonte, MG : Moinhos,
2018.
80 p. ; 12cm x 18cm.
ISBN: 978-85-45557-41-8
1. Literatura brasileira. 2. Poesia. I. Título.
2018-1173

CDD 869.1
CDU 821.134.3(81)-1

Elaborado por Odilio Hilario Moreira Junior — CRB-8/9949

Índice para catálogo sistemático:
1. Literatura brasileira : Poesia 861
2. Literatura brasileira : Poesia 821.134.3(81)-1

Todos os direitos desta edição reservados à Editora Moinhos
editoramoinhos.com.br | contato@editoramoinhos.com.br

Sumário

Livro I
No colo da memória

17 Espera sem tempo
18 Como um perdão
19 À margem
20 Alma antiga
22 Errância
23 Esperança sem nome
24 Paisagens
26 O céu nas mãos
27 Indecifrável
28 Cortejo
31 Fronteira
32 Contemplação
33 Adeus sem lágrimas
34 Esquecer
35 Estrela assimétrica

Livro II
O pão dos homens
39 Migrações
40 Tua sombra
41 Vastidão
42 Eternos
44 Quase em teu coração
45 Horas incompletas
47 No colo da memória
48 Ausência
49 Unguentos
50 Oferendas

51 Como um girassol
52 Meu átomo azul
53 Elogio da manhã
55 Orvalhos
56 Semelhantes
57 Heranças
58 Como um perdão
59 O pão dos homens

Livro III
O estandarte do efêmero
63 I
64 II
65 III
66 IV
67 V
68 VI
69 VII
70 VIII
71 IX
72 X
73 XI
74 XII
75 XIII
76 XIV
77 XV
78 XVI

Aos amigos que me estenderam as mãos no Sebo Casa Azul de Olinda:
Esequias Pierre, Helder Barreto, Katarine Araújo,
Léo Antunes, Lucas Pinto e Rodrigo Édipo.

A Valda Colares,
pelas delicadas e intensas leituras dos originais.

Para Belchior, poeta.

Para Arsênio, sempre.

*"Simplesmente uma picada no coração.
Uma picada no coração do eterno."*

Marina Tsvetáeva, em A verdade dos poetas

Livro I

No colo da memória

Espera sem tempo

Cada dia uma aventura, um infinito
O gosto de falar sozinho
De costas ao espelho que não existe

O infortúnio, a dor
A desigualdade das mãos
Resvalando em outras mãos
Que invento

Cada dia um sopro, um susto
Uma gargalhada que ecoa
Na memória do amor

E o não dito
O guardado
Fica como uma espera sem tempo
uma casa desabitada
com a memória dos passos
a marcar o chão

Como um perdão

Dentro do teu silêncio
Tua boca como um sol

Teu silêncio
Em busca de um deus sem nome

Um alfabeto novo
Com palavras desgarradas

Dentro do teu silêncio
Tua alma
Como uma promessa

Teus olhos
Que a tudo batizam
Como um perdão

À margem

A fé na manhã que me amarra
Aos teus cabelos

E meus sentidos
Permanecem ofuscados
por uma neblina, uma calmaria,
Como se os olhos contemplassem
Uma espera à margem

Essa espera que não tem um ponto
Para se revelar
Que não conhece o tempo,
Que independe das estações,
das chuvas, das chamas
Das promessas dissolvidas
Das dissoluções gratuitas
Que nos damos sempre

Por descuido
Por medo

Ou, finalmente,
Por tanto amor

Alma antiga

Essa possibilidade de escrever versos
Que alguém, um dia, poderá ler
(e sentir algo próximo ao que senti)
Não veio de estudos
De projetos literários
De vocação familiar

Veio de uma saudade

De uma estrada irregular
Que a memória percorre e não esquece
De uma árvore velha, numa antiga aldeia,
Que geme seu tempo
Adorando a noite

Veio de uma janela aberta
Que nunca olhei
Por onde entravam chuvas, pássaros,
folhas, animais,
enfermidades, sopros,
rezas, mortes

Como se tivessem inventado
uma rede de murmúrios
Apenas para brincar
(e deixar a saudade ser minha esperança)

A estrada irregular, portanto
É uma existência efêmera que migrou
Para o meu sangue

Assim me visto para o dia
A cada folha ocupada
Cada palavra enterrada no meu chão
Acalento uma alma antiga
Que nada mais me pede

Errância

Eu era o derradeiro da santíssima trindade
E sentia como se vivesse
No centro das ausências
E sabia a cor das palavras
Os versos da errância
As capitais de um mundo grande
[que não era meu]

Eu era filho de terras malquistas
De um país sem nome
Abraçado a um malogro
Que sempre germinou
Às escondidas

Não sei onde errei

Se meu pacto
Desencontrou com o Diabo
Ou com Deus

Eu era pelo lado de fora
Daquela espécie que se perde na lama
Com seu lençol mais branco

Esperança sem nome

Não que eu tenha deixado de passear no Zeppelin,
E fotografado o Recife lá de cima
(tenho essas imagens guardadas em segredo)

Que não tenha conhecido os cosmonautas do
meu tempo
Que não tenha sido exilado do meu mundo

Eu era de mil materiais roubados
Mil perdões não perdoados

Mil vezes me chamaram de artista
Mas não tive tempo de responder
De aceitar a trégua,
De abraçar a ignorância
De saber que era provisório

E foi assim que moldei meu tempo
Minha esperança
Ainda sem nome

Paisagens

As crianças ficavam à janela
Em busca das imagens e cheiros da feira
Dos ruídos dos homens e mulheres em algaravia
Das paisagens para alguma vida que apenas começava

Era tudo claro

As portas pareciam não ter trincos
Os primos-irmãos povoavam aquele tempo
E dele restou apenas uma foto
Todos em algum tapete perdido
Rindo para o futuro

No café de Dona Fátima
Os antigos negros nos acolhiam

As redes gemiam à noite
E rezávamos o rosário
Que a cada noite parecia maior

O Infinito rangendo nos armadores
como se fossem os ferros de Deus a nos despertar

Um dia (santificado)
O peso dos netos, das preces
Derrubou a rede da avó

A longa reza ficou para a noite seguinte.
Por alguns instantes infantis
Vencemos aquele estranho e demorado temor a Deus

O céu nas mãos

Essa é a melhor hora
Apenas o sol começou seu trabalho
E há silêncio
[Como se o dia estivesse
Gestando o mundo]

Estou só e tenho mãos firmes
Que escrevem meu destino
Como quem vai por uma floresta sem trilhas
Sem promessas
E sabe que ali é seu lugar

As palavras são livres
Como pássaros que se dispersam
Porque é seu destino o voo aleatório

Após tantas tentativas
o mistério pousa
O poema nasce, permanece à mesa
Reverbera nos objetos
E se completa em mim

Ao final, o vazio completo
Nada mais há sob minhas mãos
A taça está servida

É hora de levantar os olhos
E ver o céu nas mãos

Indecifrável

Tudo que é indecifrável
Me comove

Como uma criança que chora
Porque a mãe está longe
E não sabe ainda o que é saudade

Penso nisso e lembro
Da minha mãe
Da criança que fui
Em alguma tarde que já passou

E sinto sua mão me tocando
No mesmo lugar
Que já não existe

Cortejo

As cinzas ficaram em suas mãos
Como um objeto ardente

O que ficou do amigo, do mestre
[que os outros chamavam louco]
que morava em sua mais antiga saudade

E deveria levá-las ao mar,
num cortejo de alma solitária
Para o desaparecimento dos últimos fragmentos

Ali estava tudo:
Músculos, tendões, veias
Orgulho, risos, patifarias
misérias, ironias, humores ácidos
Ossos, coração, vísceras
invejas, premonições, estômago, vértebras
O que restou da língua ferina, o cérebro flamejante

Em um vaso, a vida se tornara humilde, derradeira

Um vaso que serviria de enfeite
em qualquer mesa de consultório médico
Ficaria bem
na recepção dos hotéis baratos
que sempre preferiu

Para suas noites maldormidas
No quarto de qualquer puta amiga
Nos subúrbios da própria alma

O mar, naquela manhã
Estava turvo
Sentiam as forças demoníacas
a chegada de mais um totem?

Ele entrou nas águas
Em suas mãos, as cinzas
Em sua cabeça, a lembrança daqueles anos todos
Viagens, oferendas, fendas expostas para a
inclusão dos vulcões

Sensações antigas que nunca cessam
Como se a disposição dos astros os atraísse
desde os tempos das ruminações

Eles, que morderam a carne e o pão da vida
Que viveram loucuras
como vagas que alcançam as rochas em sua brevidade
Agora estavam abraçados como estranhas formas:
um homem e um objeto
restos dissolvidos
Para um enterro marítimo

Finalmente, a dissolução

Ele retirou a tampa e disse algo que nunca
saberemos
E virou o objeto em direção ao mar
E um vento cheio de fúria arremessou as cinzas
que varreram seus olhos
entraram em sua boca, nariz
grudaram como garatujas
Em sua barba

Ele engoliu um punhado daquela poeira antiga
Daquele pó que seremos
Esfregou os olhos
e podia escutar uma gargalhada feroz
celebrando o *grand finale*

A saideira foi como sempre quis

A onda arrancou o jarro de suas mãos
E ele também começou a rir, a uivar
Como se fosse um deus prematuro
naquele instante cósmico

O gosto das cinzas nunca conseguiu explicar

Sentiu como se tivesse engolido
Algo maior que o amor

Fronteira

O alfinete do tempo
Alcançou o balão
Que o menino segurava

Ali, a infância cruzou sua fronteira

Mas o menino segurou por muito tempo
O barbante vazio

Às vezes, o menino olha para a mão
Que segurava o balão

E sabe que tudo será como lembrar

Contemplação

Ando a fumar um cigarro que já não existe
Só a mancha nos dedos expõe essa ausência
Feita de gestos repetitivos e vagos
Como as coisas que vêm do sangue

Contemplo o maço vazio
com os avisos de doença e morte
Amasso
como se fosse um barro de minhas derrotas
E chuto como nos velhos tempos

Ele morre no fundo de um gol ausente
Como nos grandes jogos que inventei
Para minhas turvações solitárias

Caminho pela cidade que foi minha
sem futuro, sem passado
Os planos diluídos e sem trombetas
Sem promessas, fanfarras

Um homem, de barba grisalha, passa por mim
Vai taciturno, palmilhando descaminhos
Ele sorri e segue devagar
Com os passos que são meus

Adeus sem lágrimas

Com os olhos perdidos
A morte me observa
Digo um adeus sem lágrimas
E há lodo em minhas mãos

Não há mais tempo para previsões ou revisões
(as coisas do sentir deslocaram lentamente
sem roçar a poeira do vivido)

Erros e acertos ficam no mesmo lugar
O passado celebra sua glória
A ausência inaugura um novo tempo

Esquecer

Isso leva tempo
Algumas vezes, uma vida
Muitas vezes
De nada serve

Adormecemos
E fica uma ausência no quarto
Vigiando a parede que fechou
o antigo corredor que nunca existiu

Esquecer não aparece no jardim do dia,
nos livros, nas promessas

Mas basta um sopro
Um cheiro
Uma palavra antiga e íntima
E tudo revolve

No subsolo tudo está inconcluso
Tudo segue vivo
Brincando de ser eterno

Estrela assimétrica

Posso mudar tua voz em minha respiração
E desenhar estrelas sem pontas
(tão fulgurantes quanto teu silêncio)
Que passam
Arranhando o tempo

E agarrar tuas ausências
E comprar incensos
E te fazer escutar meu pão

E tu, estrela assimétrica
arranhará o mesmo céu

Livro II

O pão dos homens

Migrações

Não queria mais reter
Aquelas passadas mansas
(as mãos tinham uma forma de se dar
como uma atmosfera desenhada
por ventos alísios)

Pássaros debandaram rumo ao Ártico
Sírios morreram em tanta fúria
Em tantas bombas milimétricas

O tempo arrefeceu
Como um acontecimento que feriu sua natureza

Olho o avesso das minhas mãos:
Em cada linha
Há traços do teu rosto
Tua forma de estar no mundo
de se ausentar de mim
Como os pássaros, rumo ao Ártico

Tua sombra

Quanto tempo durou
a troca de olhares
Quando eu sequer sabia
teu nome?

Oito, nove, dez anos?
Duas décadas?
O tempo de construir uma biblioteca?
Um cemitério?
Uma catedral?

Lembro do dia em que estava tão só
Que sequer as árvores
conseguia ver

Teu semblante parecia frágil
Mas algo se escondia no sangue

Teus olhos
Me deram o verde, a sombra

A árvore que eu não sabia

Vastidão

Impossível me esconder de teus cabelos
De teus cavalos
Mas habito a mesma distância

A vastidão do que é menos
Do que é meu

Enquanto isso, estrelas se perdem
E não te procuro
E moro na mesma saudade

Como um ferreiro
Moldo lentamente
Meus passos

Sigo no campo aberto
Apoiado em um grito

E teu nome se inscreve
Na vastidão do futuro

Eternos

Ela queria fazer poesia em mim
Nos meus dedos manchados
De alguma saudade

E lembrei que em seu destino
Havia uma dança, uma oferenda, uma fé

E me abracei à sua alma
Sem fome, sem maldade,
sem pressa

E meu corpo lhe deu
Um pouco de calma
Talvez uma coberta no quase nada
Algumas palavras nascidas do silêncio

E dos seus olhos saíam ramalhetes
Um sorriso branco
Como uma colheita

E mesmo saqueados,
sangrados de algum tempo remoto
Nada mais nos faltava
(nem havia como nos ferir)

E ali ficamos sem nos lembrar
Muito quietos
Como recém-nascidos
Recém-descobertos

Com um pedaço do eterno por viver

Quase em teu coração

Te dou minha companhia
Orvalhos de velha floração
Algumas árvores nuas

E minha camisa listrada
Botões que são estrelas sem cascas
Meu dorso sem feridas
Meu passado

Estranho que sou,
Te dou o outro que nasceu por acaso
Que morreu tantas vezes
Dentro do teu corpo

E vou sorrindo
Cheio de saudades
Do pouco que te dei

Horas incompletas

Em março
Lembraria do alvoroço da infância
Dos punhais novos
Que escondem tanto medo

À tarde,
As greves da morte
O mormaço perene que evitamos

O que fazer
Nessas horas incompletas?

Nada
Nem foguetes compramos
Deixamos para dezembro
Nossa indiferença disfarçada de grandeza
Nossas últimas esperanças num resguardo

Te dei meus bilhetes
Minha biblioteca
Minha coleção de cadernos
Dez vaga-lumes que já não acendem
Minha fábrica de cadeados

Tu, como sempre,
Vai caminhando pela tarde
Tocando o chão em pequenos saltos,
Preparando-se para abrir as asas

No colo da memória

Toda gata preta lembra Azeitona
Caixas de livros pesam como pedras
O sono sempre provisório

Os amigos mudam o olhar
(como se buscassem em alguém ao lado
uma explicação)

Um exílio dentro do corpo

Sangra, mas não há manchas na camisa
A ferida não está em nenhum ponto visível

Fotos, bilhetes, viagens, sorrisos
Caem no colo da memória
Escorregam das estantes,
dos cadernos, das paredes

Álbuns, fragmentos, músicas
cores se espalham
Estendem a beleza
Para um ponto raro e estranho

Enquanto isso
A memória adormece
Numa caixa de cristal

Ausência

Mas tu, onde estás?

Olho o mar
E me perco
E não te encontro

Eis a ausência completa:
O mar sem ti

Unguentos

Eu tinha milhares de caminhos para decifrar
E nossas costas ficavam expostas à pureza
De quem dorme desguarnecido

Anjos se acomodavam
Em dormentes
Cheios de trens que já não passam

Vida e morte, a carne da alegria
[Uma compaixão desajeitada
Habitava nosso convés]

Sem querer
Alcançamos a nascente

E tão puros
fabricamos unguentos
que nos feriam

Oferendas

A cartomante roubou das minhas mãos o silêncio
E disse que era preciso
Mais oferendas

E minhas mãos nada mais tinham
Para dar
Para colher

O que te serviria
Nesta tarde áspera?

(a esta hora, até os cães
rosnam por uma sombra)

Com as mãos grandes
dei o que me restava

Uma sombra

Como um girassol

Era ali que eu te inventava
Quando estavas descalça
(não quando estavas nua)

E meu coração de ferro
Vergava como um girassol

Mil vezes rasguei as flores
Com meus dentes de velho

Mas no dia seguinte
Olhava teus passos mais íntimos
e o mesmo girassol iluminava a manhã

Meu átomo azul

Foste como um átomo,
Que reconheci
ao abrir a janela

Um átomo azul,
Desmesurado

E o que me atravessou os olhos
Foi teu nome
Como uma cordilheira

Eu queria saber
Como se escala
Uma cordilheira

Mas vivi entre árvores
Em quintais costumeiros
Carregados de frutos, sombras

A cordilheira
posso apenas contemplar

Com meu átomo azul às mãos

Elogio da manhã

Debruça-te na manhã
Ela nunca é prematura
Não cobra por entregar-se inteira
como serva que se regozija por existir

Deixa que ela avance em tuas plantas, paredes,
em teus dedos
que alcance teus filhos, amores, filiações
como os animais que buscam calor gratuito por instinto

Tuas roupas sorriem, estendidas
enamoradas dessa atmosfera
e logo voltarão a ti
para celebrar teus encontros, viagens, perdas
teu cansaço

Deixa que a manhã te diga, em silêncio
as palavras que se esconderam de ti
nesta noite que nunca mais voltará

Lembra que, ao abrir os olhos
estarás levando teu sangue a um mundo que não cansa
e segue, em seu perpétuo movimento
até que venha o amanhã

Abre teus braços e recebe este Deus que nunca se perde

Segue
Vai como o sol, em sua exuberância calada
Ilumina em silêncio tua escuridão
teus calabouços, quimeras
E depois,
nada diz

Vestida de sol,
num varal enroscado na alma
haverás de moldar novas formas delicadas
de prenúncios e aleluias
e tudo será eterno
e teu

Orvalhos

Sete léguas
teus orvalhos trotaram
rumo às nascentes

Crinas ardiam
lábios chamuscavam nos lençóis retorcidos
abafando gritos

E orvalhos banhavam meus pés
como pedaços de antigas certezas
encontrando a fonte antiga

O orvalho
como um cavalo do amor

Semelhantes

Temos a mesma cicatriz
no dorso, do lado direito
onde bate a penumbra
onde os gatos deixam as patas
para sonhar

Caminhamos devagar
e gritamos no amor
(quando pedaços do êxtase reverberam
nas plantas e no tempo)

Tantas urgências cedem
quando os olhos se acasalam

Heranças

Eu levava apenas um olhar
E a mão esquerda pesava
como um coração de antes

No eixo da noite
Minhas sandálias estavam muito longe
Estavam muito velhas
Eram maiores que meus pés
(e eu estava sempre descalço)

Na bolsa do meu avô
Um álbum amarelado já não abria
Os sorrisos estavam colados às vestes e enfeites
Viagens ardiam, velas eram apagadas com promessas
viajantes se perdiam e nunca mais voltavam

Tudo o que eu tinha era a espera
como quem leva um segredo na poeira dos olhos

As heranças do mundo
Não cabiam em meu corpo
E a pergunta retornava como um eco:

De que te serve a memória que fere?

Como um perdão

Dentro do silêncio
Tua boca como um sol

Teu silêncio
Em busca de um Deus
Sem nome

Um alfabeto novo
Com palavras
Desgarradas

Dentro do silêncio
Tua alma como
Uma promessa

Teus olhos
Que a tudo batizavam
Como um perdão

O pão dos homens

Desenhar uma estrela dentro da flor
Fazê-la dançar
Com o vento
Pleno de desertos

Amassar as palavras
Com as mãos vazias

E dizer, dentro da noite,
Que o sonho
É o pão dos homens

Livro III

O estandarte do efêmero

I

Servo do meu sonho
Vou empurrando as portas do destino

Estendo as mãos ao acaso
Seguro o braço quente da saudade
Como se em cada troca de olhares
Houvesse um estandarte ao efêmero

E de tão provisório
O mesmo destino revela sua ferrenha biologia
Enrosca-se em meus pés
Com as promessas carcomidas
E perfurações no sonho
Como musgos em fendas, espasmos, espantos

II

Vou empunhando estes lábios
Para desabrochar em outra nostalgia
De esperança, lucidez, agonia
Abandonando a promessa
Como se os traços da primavera
Pudessem fazer a redenção de outras ausências

(O que nunca coube a mim
Sustentei em que sou,
Levado pelo vento)

III

E do céu,
A testemunha me alveja
Acerta minhas crinas com flechas de pavão
E avisa que sou apenas um inquilino
Deste corpo
Deste gozo
Destra abstração de sortilégios

(e não preciso dizer
Que nada levarei
A não ser as mãos que estendi
Algumas preces vazias
E mãos que se contradizem
Brincando de adormecer)

IV

Nesta transição do tempo aleatório
Nas ruas de algodões manchados
Dissolvo minha própria neblina
Nesta pequena vastidão dos teus olhos provisórios

No armazém das luzes
Outro sangue coagula
No corpo que julgava ser a ponte
O meio de chegar ao extremo

V

Tantas delicadezas chamuscadas
Tanta parcimônia no aceno
Tantas emoções demarcadas
Como terras em meio a arames e promessas

E o coração, ao final da espera
Fabrica ilusões
Para habitar o sonho
Que não decifra

VI

Então fico
Então abro finalmente os olhos
E percebo o monturo na calçada
O peso das roupas molhadas
O anzol invertido
Fisgando o mesmo que o arremessa

Mordo, com minhas ilusões
E me calo
Como quem toma um afrodisíaco
E sente que o desejo
Nasceu quando ela atravessou o silêncio
E disse "eu viveria com você"

VII

E os corações luminosos se encontraram
Se arremessaram ao outro, ao muro, ao chão
À neve que nunca vimos
Ao céu de algum país que perderam
Como quem molha um fósforo
Numa noite antiga e fria

VIII

E o coração, como um toureiro
Pede incenso
Pede reza
Pede que não seja fraudado

E o coração, como um pedreiro
Como quem leva um tesouro no peito
Pede abrigo
Pede uma manhá sem tempo
Para esconder os mapas de suas misérias

E o coração
Como um tesoureiro de repartição
Pede ligas
Para servir ao dinheiro
Pede comprovantes de residência
Pede caução
E obediência
Pede léguas para medir o ritmo
Do destino
O gosto do outro
O absoluto estrangeiro
(Que habita sua alma costumeira)

IX

E nesse andar descalço
Ao paraíso
Ainda jorrará gozo
Ainda haverá filhos
Ainda nascerá
O abismo de ter sido

X

As breves inscrições
Das estações do tempo
Anunciando esta reserva de distâncias
Como quem imagina uma nova miséria
Para encontrar o remédio, o antídoto
E fabricar outra com o mesmo fim

XI

Vou empurrando os sonhos com as mãos
Mas com cuidado
Para que não enrijeçam os dedos
Para que não me protejam
Para que um não amordaçado
Não desfaça os rituais do desejo
(tão secretos e costumeiros)

XII

Quanto aos olhos que lhe dei
Eram do mesmo mar de sensações
Eram radiações
Projetos de murmúrios
Que o abismo decifrou
(soltando farelos de pão
Que nunca foram rasgados
E flores carnívoras
Insaciáveis)

XIII

E as entranhas
Perturbadas pelo mesmo cativeiro
Sonham com carrosséis
Com cavalos
Chuvas de tempos remotos
Anunciando algo novo e provisório
Como sempre foi

XIV

Quanto aos olhos que lhe dei
Eram meus rins
Minha escrivaninha
Meus ossos na sacola de supermercado

XV

Até que brotaram reinos
E neles, o mistério cultivado
Floresceu
Qual um mamilo à espera da língua
Que o conhece
Que o estremece
Que tira água de suas partes mais secas

XVI

Quando volto a olhar para ele
Para o céu
Já terá uma cor que é minha
Que imagino
Para me encantar

Uma forma desigual
E contínua
Como lustres
De uma casa velha
Mortos em subúrbios de móveis do passado
A preço de nada

A preço de coisas efêmeras, gastas
Como um estandarte
Que cruza uma rua no Carnaval

E não sabemos
Se foi a passagem de um homem
Afirmando sua existência
Sua alegria
Sua delicadeza
Ou se foi um lampejo de nada
De mãos dadas à alegria

Este livro foi composto Adobe Garamond Pro,
enquanto Caetano Veloso e Moreno Veloso cantavam *Um passo à frente*,
para a Editora Moinhos. Era agosto de 2018.